TANJA DUSY

BROTZEIT GEHT IMMER!

FOTOGRAFIE: JULIA HOERSCH, COCO LANG

INHALT

Öffnen Sie die Klappen dieses Buches.
Dort finden Sie die wichtigsten Infos zum Thema auf einen Blick!

DAS PRINZIP:
BROTZEIT

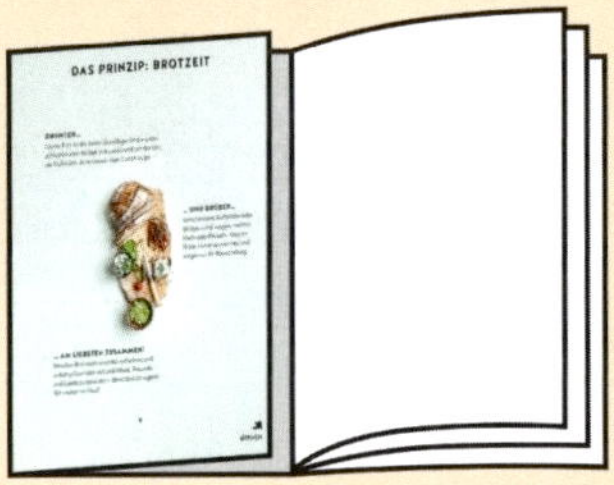

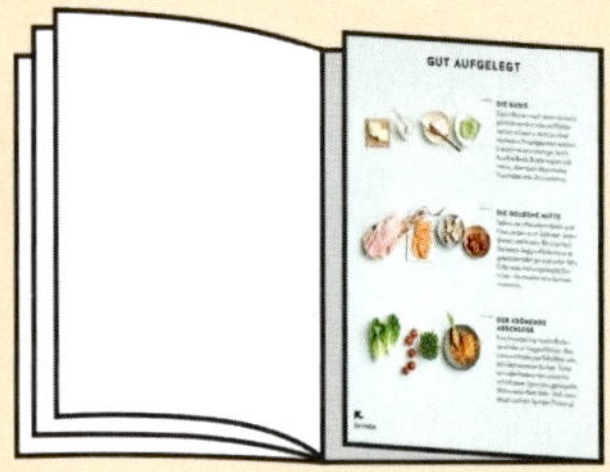

GUT
AUFGELEGT

Immer griffbereit:

SO GEHT'S:
HEFETEIG

Immer griffbereit:

SO GEHT'S:
KNETEN,
FALTEN & WIRKEN

GU
CLOU

Wussten Sie schon, dass …?
Entdecken Sie bei einigen ausgewählten Rezepten ganz besondere Tipps mit verblüffendem Insiderwissen.
Aha-Momente garantiert!

Mit diesem Symbol sind alle vegetarischen Gerichte gekennzeichnet.

Die Backzeiten können je nach Herd variieren. Unsere Temperaturangaben beziehen sich auf das Backen im Elektroherd mit Ober- und Unterhitze.

REZEPTKAPITEL

TANJA DUSY

Ein gutes Brot und ein selbst gemachter Belag, mehr braucht es eigentlich kaum – findet unsere Autorin. Deshalb kommen bei ihr auch häufig kleine, feine Schnittchen auf den Tisch: als schnelles Abendessen, Partysnack oder wenn überraschend Besuch kommt.

Wann ist für Sie Brotzeit?

Ein lecker belegtes Brot passt für mich eigentlich immer. Egal zu welcher Mahlzeit oder als Lunch to go, der sich eingepackt mit zur Arbeit nehmen lässt. Das Schöne dabei: Es wird garantiert nie langweilig – in Deutschland gibt es über 300 Sorten Brot! Und zwar ohne all die internationalen Spezialitäten, die es hierzulande auch noch zu kaufen gibt. Das bedeutet jeden Tag ein anderes Brot, rund ums Jahr!

Lohnt es sich, selbst zu backen?

Ich finde schon, denn es gibt kaum etwas Köstlicheres als ein noch warmes Brot mit knuspriger, röscher Kruste – mitsamt dem herrlichen Duft im ganzen Haus. Wie in diesem Buch gibt es zum Glück viele einfache Brote, die auch Backneulingen problemlos gelingen. Also mit wenigen Zutaten, kurzen Gehzeiten und einfachen Arbeitsschritten. Alle anderen, aufwendigeren Spezialitäten aus ganzem Schrot und Korn finden sich ja noch bei vielen Bäckern, die Wert auf traditionelles Handwerk legen.

Und was kommt aufs Brot drauf?

Bei mir am liebsten selbst gemachte Aufstriche. Da gibt es Veggie-Varianten, die Wurst und Käse locker abhängen – unglaublich tolle Möglichkeiten für Cremes und Dips! Die halten sich auch einige Zeit im Kühlschrank und können dann fix aufs Brot geschmiert werden. Abends serviere ich sie meinen Gästen gerne mit einem feinen Brot und etwas Rohkost zum Dippen. Zu solchen geselligen Brotzeiten passen auch viele andere Ideen hier im Buch.

SCHNELLES PARTYBROT ZUM ZUPFEN

2 Knoblauchzehen schälen und durchpressen.

1 Bund Schnittlauch waschen und in Röllchen schneiden.

Beides mithilfe einer Gabel mit 100 g weicher Butter und 250 g grob geraspeltem Gruyère mischen.

1 Bauernbrot (500–600 g) rautenförmig tief ein-, aber nicht durchschneiden.

Die Käsemischung gleichmäßig tief in die Einschnitte drücken. Das Partybrot im heißen Ofen (175°) ca. 15 Min. backen, bis der Käse geschmolzen ist.

DIE GRUNDLAGE: BROTE

Für 1 Brot (ca. 20 Stücke) • 25 Min. Zubereitung • 27 Std. 30 Min. Ruhen (über Nacht) • 25 Min. Backen • Pro Stück ca. 165 kcal, 4 g E, 7 g F, 21 g KH

NO-KNEAD-FOCACCIA

IM HANDUMDREHEN

½ Würfel frische Hefe (ca. 21 g)
1 TL Zucker
300 g Weizenmehl (Type 550)
300 g Weizenmehl (Type 1050)
Salz
14 EL Olivenöl
grobes Salz und Pfeffer zum Bestreuen

1 Hefe, Zucker und 100 ml lauwarmes Wasser verrühren und ca. 10 Min. zugedeckt ruhen lassen. Inzwischen beide Mehlsorten und 2 TL Salz in einer Schüssel mischen. Hefeansatz, 350 ml lauwarmes Wasser und 3 EL Öl zugießen. Alles mit einem Holzlöffel zu einem feuchten Teig verrühren. Falls nötig, wenig Wasser zugeben (der Teig muss nicht glatt sein). Die Schüssel mit einem feuchten sauberen Geschirrtuch abdecken und den Teig ca. 10 Min. ruhen lassen.

2 Den Teig an der gegenüberliegenden Seite nach oben ziehen und zu sich hin nach unten falten. Schüssel um 90° drehen und den Vorgang (ziehen, falten, drehen) etwa sechsmal wiederholen, bis der Teig deutlich fester ist. Zugedeckt ca. 10 Min. ruhen lassen, dann wieder etwa sechsmal ziehen, falten und drehen. Den Teig bei Bedarf in eine verschließbare Schüssel umfüllen und mit 3 EL Öl beträufeln. Verschließen und ca. 24 Std. (bis 48 Std.) im Kühlschrank gehen lassen.

3 Ein Backblech mit 3 EL Öl bestreichen. Teig darauf mit leicht geölten Händen zu einem fast blechfüllenden Oval flach drücken und mit 3 EL Öl beträufeln. Mit Frischhaltefolie abdecken und 2–3 Std. gehen lassen.

4 Backofen auf 225° vorheizen. Die Folie abnehmen und mit den Fingerspitzen Mulden in den Teig hineindrücken. Die Focaccia mit 2 EL Öl beträufeln, mit Salz und Pfeffer bestreuen. Im heißen Ofen (unten) in ca. 25 Min. goldbraun backen. Herausnehmen und lauwarm oder vollständig abkühlen lassen.

Für 1 Kranzform à ca. 26 cm ∅ (ca. 24 Stücke) • 40 Min. Zubereitung • 1 Std. 15 Min. Ruhen • 40 Min. Backen • Pro Stück ca. 135 kcal, 4 g E, 5 g F, 18 g KH

CRAZY MONKEY BREAD

PARTYSPASS

½ Würfel frische Hefe (ca. 21 g, ersatzweise 8 g Trockenhefe)
1 TL Zucker
600 g Weizenmehl (Type 550)
Salz
4 EL Olivenöl
50 g Butter
50 g Bergkäse
2 EL Mohnsamen
2 EL Sesam

AUSSERDEM

Mehl zum Bestäuben

TIPP

Das Brot aus der Form lösen und mit einem Schälchen Dip oder Aufstrich in der Mitte servieren – dann kann sich jeder ein Bällchen abzupfen und gleich losdippen!

1 Hefe zerbröckeln, mit Zucker und 100 ml lauwarmem Wasser verrühren und ca. 15 Min. zugedeckt ruhen lassen. Mehl in einer Rührschüssel mit 1 TL Salz mischen, Hefeansatz dazugießen. Weitere 200 ml lauwarmes Wasser mit Öl verquirlen, ebenfalls zugießen und alles ca. 5 Min. mit einem Handrührgerät (Knethaken) auf niedriger Stufe glatt kneten. Falls nötig, nach und nach weitere 50 ml lauwarmes Wasser zugießen. In 5–10 Min. auf höchster Stufe zu einem samtigen, elastischen Teig kneten. Zu einer Kugel rollen und in einer mit Mehl ausgestäubten Schüssel zugedeckt 45–60 Min. bei Zimmertemperatur gehen lassen (das Teigvolumen sollte sich verdoppeln).

2 Butter schmelzen. Die Kranzform dünn mit etwas Butter auspinseln. Käse reiben, mit Mohn und Sesam auf drei tiefe Teller verteilen. Teig nochmals durchkneten und in 24 etwa gleich große (bzw. schwere) Portionen aufteilen. Jede Portion zu einer Kugel rollen. Die Kugeln leicht mit flüssiger Butter bepinseln und gleich in Käse, Mohn oder Sesam wenden.

3 Teigkugeln abwechselnd in die Form schichten. Abgedeckt ca. 15 Min. gehen lassen, inzwischen Backofen auf 180° vorheizen. Das Monkey Bread im heißen Ofen (Mitte) 35–40 Min. backen. Herausnehmen, ca. 10 Min. abkühlen lassen und aus der Form lösen. Lauwarm oder abgekühlt genießen.

GU
CLOU

Das Monkey Bread lässt sich prima vorbereiten: Dazu den Teig nur mit der halben Menge Hefe zubereiten und in einer großen verschlossenen Schüssel gemütliche 24 Std. im Kühlschrank gehen lassen. Dann 1–2 Std. vor der Weiterverarbeitung Zimmertemperatur annehmen lassen.

Für 4 Einmachgläser (à 500 ml) • 15 Min. Zubereitung • 2 Std. Quellen • 20 Min. Ruhen • 2 Std. 30 Min. Backen • Pro Stück ca. 775 kcal, 32 g E, 23 g F, 102 g KH

POLLERBROT IM GLAS

RUNDE SACHE

75 g Sonnenblumenkerne
75 g Leinsamen
400 ml Buttermilch
100 g Zuckerrübensirup
1 Würfel frische Hefe (42 g)
250 g Vollkorn-Weizenmehl
250 g Vollkorn-Weizenschrot
Salz
150 g Joghurt (3,5 % Fett)

AUSSERDEM

Butter und Haferflocken für die Gläser

1 Sonnenblumenkerne und Leinsamen in einem Schälchen mit 200 ml kochend heißem Wasser übergießen und zugedeckt ca. 2 Std. quellen lassen. Danach in ein feines Sieb abgießen und abtropfen lassen.

2 Die Buttermilch und den Zuckerrübensirup in einem Topf unter Rühren lauwarm erhitzen, bis sich der Sirup gelöst hat. Vom Herd nehmen, die Hefe hineinbröckeln und ca. 10 Min. zugedeckt ruhen lassen.

3 Inzwischen die vier Einmachgläser dick mit Butter ausfetten und mit Haferflocken ausstreuen. Mehl, Schrot und 1 gehäuften TL Salz in einer Rührschüssel vermischen. Sonnenblumenkerne, Leinsamen, Joghurt und die Buttermilchmischung zugeben. Alles mit einem Holzlöffel gründlich zu einem eher dünnflüssigen Teig verrühren.

4 Teig auf die Gläser verteilen und die Glasdeckel auflegen, aber nicht luftdicht verschließen. Im kalten Backofen auf einem Gitterrost (unten) ca. 10 Min. gehen lassen, dann den Ofen auf 150° einstellen. Nach Erreichen der Temperatur die Brote in 2 Std.–2 Std. 30 Min. backen, bis der Teig dunkelbraun ist. Er sollte sich auf Druck mit dem Finger fest anfühlen und nicht mehr nachgeben. Backofen ausschalten und die Brote vollständig darin auskühlen lassen. Dann die Brote am Rand mit einem Messer vom Glas lösen und aus den Gläsern stürzen.

GU **CLOU**

Zum Aufbewahren (2–3 Monate) Gläser direkt nach dem Backen aus dem Ofen holen. Deckel abnehmen, Gummiringe auflegen und Deckel mit Klammern verschließen. Wichtig: Glasrand nach dem Befüllen säubern, damit sich kein Schimmel bilden kann.

Für 1 Brot (ca. 12 Stücke) • 25 Min. Zubereitung • 1 Std. 45 Min. Ruhen • 40 Min. Backen •
Pro Stück ca. 190 kcal, 6 g E, 4 g F, 32 g KH

ORIENTALISCHES FLADENBROT

ZUM DIPPEN

200 ml Milch
1 TL Zucker
1 Pck. Trockenhefe (7 g)
480 g Weizenmehl (Type 550)
Salz
2 EL Olivenöl
10 g Butter
1 EL türkischer oder griechischer Joghurt (10 % Fett)
1 Eigelb
½ TL Schwarzkümmel

AUSSERDEM
Mehl zum Bestäuben

1 Milch lauwarm erhitzen, mit Zucker und Hefe verrühren. Mehl in einer Rührschüssel mit 1 TL Salz mischen. 200 ml lauwarmes Wasser und den Hefeansatz zugießen. Mit einem Handrührgerät (Knethaken) auf niedriger Stufe ca. 5 Min. kneten, bis sich die Zutaten verbunden haben. Dann weitere 5 Min. auf höchster Stufe kneten, gegen Ende das Öl zugießen. Der Teig sollte glatt, klebrig und feucht sein. Schüssel mit Frischhaltefolie oder einem Deckel verschließen. Teig an einem warmen Ort ca. 1 Std. gehen lassen (dann sollte er sein Volumen verdoppelt haben und voller Bläschen sein).

2 Ein Backblech mit Backpapier auslegen und mit Mehl bestäuben. Teig darauf von Hand oder mit einer Teigkarte zu einer Kugel zusammenfalten, dabei nicht durchkneten. Vorsichtig zu einem Kreis (ca. 25 cm ∅) flach drücken. Abdecken (z. B. mit einem tiefen Backblech) und ca. 30 Min. gehen lassen.

3 Butter schmelzen, mit Joghurt, Eigelb und 1 EL Wasser verquirlen und mit den Händen auf dem Teig verteilen. Mit den Fingerspitzen ringsum einen 6 cm breiten Rand bilden (eine Linie eindrücken, bis das Blech zu fühlen ist). Dann im inneren Kreis Streifen mit ca. 6 cm Abstand zueinander eindrücken, dazu rechtwinklig weitere Streifen, sodass ein Würfelmuster entsteht. Mit Schwarzkümmel bestreuen und ca. 15 Min. gehen lassen. Inzwischen Backofen auf 180° vorheizen. Das Fladenbrot im heißen Ofen (Mitte) in 30–40 Min. goldgelb backen.

ROBERT HERDER
ROSTFREI

2

3

WOLLKNÄUEL-BROT

HINGUCKER

4

5

6

Für 1 Springform à 26 cm ∅ (ca. 12 Stücke) • 40 Min. Zubereitung • 2 Std. Ruhen • 30 Min. Backen • Pro Stück ca. 225 kcal, 7 g E, 9 g F, 29 g KH

380 g Weizenmehl (Type 550)
70 g Butter
125 ml Milch
1 Ei (L)
1 Pck. Trockenhefe (7 g)
2 EL Zucker
Salz
50 g Parmesan
1 Bund Schnittlauch

AUSSERDEM
Olivenöl für die Schüssel
Butter für die Form
Mehl zum Arbeiten

1 In einem Topf 2 gehäufte EL Mehl und 125 ml Wasser erhitzen. Unter Rühren mit einem Schneebesen in 2–3 Min. zu einer zähen Masse kochen (Bild 1), etwas abkühlen lassen. 50 g Butter schmelzen, lauwarm abkühlen lassen.

2 Milch lauwarm erhitzen. In einer Rührschüssel mit der Mehlmasse und dem Ei verrühren. Das übrige Mehl, Hefe, Zucker, ¾ TL Salz und 2 EL geschmolzene Butter zugeben. Alles mit einem Handrührgerät (Knethaken) ca. 5 Min. auf niedriger Stufe kneten, dann auf höchster Stufe weitere 5 Min. kneten. Den Teig in einer ausgeölten Schüssel zugedeckt ca. 1 Std. an einem warmen Ort gehen lassen. Inzwischen Parmesan reiben, Schnittlauch waschen, trocken schütteln und in Röllchen schneiden. Beides mit der übrigen flüssigen Butter verrühren. Die Springform mit Butter fetten.

3 Den Teig auf einer bemehlten Arbeitsfläche durchkneten und in fünf gleich große Portionen aufteilen. Diese zu je einem Quadrat (ca. 15 × 15 cm) ausrollen. Mit einem Messer von der oberen Seite jeweils knapp 1 cm breite Streifen einschneiden, dabei das untere Quadratdrittel nicht einschneiden (Bild 2). Diesen Teil und die Streifen mit der Butter-Parmesan-Mischung bestreichen, dabei das obere Streifendrittel frei lassen (Bild 3). Die Teigquadrate von unten her aufrollen (Bild 4) und mit der offenen Seite nach unten ringsum an den Rand der Springform legen (Bild 5).

4 Die Teigstücke abgedeckt ca. 1 Std. gehen lassen. Den Backofen auf 180° vorheizen, die übrige Butter (20 g) schmelzen. Den Teigring damit bestreichen und im heißen Ofen (Mitte) in 25–30 Min. goldbraun backen (Bild 6).

Für 1 Brot (ca. 24 Scheiben) • 10 Min. Zubereitung • 15 Std. 15 Min. Ruhen (über Nacht) • 1 Std. 15 Min. Backen • Pro Scheibe ca. 125 kcal, 4 g E, 0 g F, 24 g KH

NO-KNEAD-TOPFBROT

OVERNIGHT

¼ Würfel frische Hefe (ca. 10 g)
1 TL Zucker
800 g Dinkelmehl (Type 630)
Salz
250 ml Bier (Pils)

AUSSERDEM

1 Bräter (gusseisern, ca. 25 cm ∅)
Mehl zum Bestäuben

TAUSCH-TIPP

Andere Biersorten bringen ein unterschiedliches Aroma ins Brot: So schmeckt z. B. dunkles Alt- oder Schwarzbier malzig bis süßlich – experimentieren lohnt sich.

1 Hefe zerbröckeln, mit Zucker und 200 ml lauwarmem Wasser verrühren. 10–15 Min. zugedeckt ruhen lassen. Mehl mit 1 EL Salz in einer Rührschüssel mischen.

2 Bier mit 150 ml lauwarmem Wasser mischen. Mit dem Hefeansatz zum Mehl gießen und alles mit einem Holzlöffel gerade so verrühren, dass sich alles verbindet. Dabei falls nötig weitere 50 ml lauwarmes Wasser untermengen, sodass der Teig klebrig weich und nicht fest formbar ist. In eine bemehlte Schüssel geben und zugedeckt 12–15 Std. (über Nacht) bei Zimmertemperatur gehen lassen.

3 Einen Bräter samt Deckel in den Backofen (unten) stellen. Ofen ca. 20 Min. auf 220° vorheizen. Inzwischen eine Backmatte oder Backpapier mit reichlich Mehl bestäuben. Teig daraufgeben und mit einer Teigkarte mehrmals von einer Seite zur anderen falten, bis er fester wird und eine runde Form behält.

4 Den Bräter mit Topflappen aus dem Ofen nehmen (Achtung, sehr heiß!). Den Deckel abnehmen und die Ofentemperatur auf 200° reduzieren. Den Brotlaib mit der glatten Seite nach oben zügig in den Bräter stürzen und den Bräter verschließen. Das Brot im heißen Ofen (unten) ca. 30 Min. backen, dann Deckel abnehmen und weitere 35–45 Min. offen backen, bis das Brot goldbraun und knusprig ist. Aus dem Ofen nehmen, kurz abkühlen lassen und dann das Brot aus dem Bräter nehmen. Das Topfbrot vollständig auskühlen lassen.

GU CLOU

Das Bier sorgt für einen lockeren Teig, eine knusprig-dunkle Kruste und eine feinherbe Note. Der Alkohol verflüchtigt sich beim Backen – das Topfbrot ist auch für Kinder und Schwangere unbedenklich.

Für 1 Brot (ca. 20 Scheiben) • 40 Min. Zubereitung • 1 Std. 15 Min. Ruhen • 45 Min. Backen • Pro Scheibe ca. 150 kcal, 4 g E, 5 g F, 21 g KH

SAUERTEIG-WALNUSSBROT

RUSTIKAL & URIG

150 g Walnusskerne
½ Würfel frische Hefe (ca. 20 g)
2 EL flüssiger Malzextrakt (ersatzweise Zuckerrübensirup)
200 g Weizenmehl (Type 550)
300 g Vollkorn-Roggenmehl
Salz
1 Beutel flüssiger Natur-Sauerteig (75 g)

AUSSERDEM
Weizenmehl zum Bestäuben

GUT ZU WISSEN
Ob ein Brot richtig durchgebacken ist, lässt sich ganz leicht prüfen: einfach umdrehen und auf die Unterseite klopfen. Klingt es hohl, ist das Brot fertig.

1 Walnüsse in einer Pfanne ohne Fett rösten, bis sie leicht bräunen. Herausnehmen, abkühlen lassen und grob hacken. Hefe und Malzextrakt mit 300 ml lauwarmem Wasser verrühren. Beide Mehlsorten mit 1 EL Salz in einer Rührschüssel mischen. Hefeansatz und Sauerteig zugeben und alles mit einem Handrührgerät (Knethaken) auf niedriger Stufe ca. 4 Min. kneten, bis sich alles verbunden hat. Dann weitere 4 Min. auf höchster Stufe kneten. Walnüsse unterkneten.

2 Teig auf eine bemehlte Arbeitsfläche geben und ca. 45 Min. ruhen lassen, dabei nach jeweils ca. 15 Min. insgesamt dreimal mit einer Teigkarte zusammenfalten oder rund wirken. Für Letzteres jeweils eine Teigseite bis zur Mitte falten, Teig leicht drehen, nächste Seite zur Mitte falten und so fortfahren, bis der Teig rundum nach innen gefaltet ist und die untere Teigseite rund und straff gespannt ist.

3 Den Teig nach der letzen Ruhezeit (noch) einmal rund wirken. Mit Mehl bestäuben und mit der glatten Seite nach oben auf ein mit Backpapier ausgelegtes Blech geben. Mit einem Messer kreuzförmig einschneiden, mit einem sauberen Geschirrtuch abdecken und ca. 30 Min. ruhen lassen.

4 Inzwischen den Backofen auf 240° vorheizen, dabei ein tiefes, mit Wasser gefülltes Blech mit erhitzen. Dieses Blech wieder herausnehmen, das Blech mit dem Brot hineinschieben (Mitte) und ca. 10 Min. backen. Die Hitze auf 220° reduzieren und das Brot in 30–35 Min. fertig backen.

ZUM BESTREICHEN & DIPPEN

Für 4 Personen • 10 Min. Zubereitung •
Pro Portion ca. 120 kcal, 18 g E, 3 g F, 6 g KH

KRÄUTERQUARK

LEICHT & FRISCH

1 Schalotte • ½ Bund Schnittlauch • ½ Bund (krause) Petersilie • ½ Bund Dill (ersatzweise Kerbel) • 500 g Magerquark • 2 EL saure Sahne • 5 EL kohlensäurehaltiges Mineralwasser • ¼ TL edelsüßes Paprikapulver • Salz, Pfeffer

1 Die Schalotte schälen und fein würfeln. Die Kräuter waschen und trocken schütteln. Den Schnittlauch in Röllchen schneiden, die Blättchen von Petersilie und Dill (oder Kerbel) abzupfen und grob zerschneiden.

2 Den Quark mit der sauren Sahne und dem Mineralwasser glatt rühren. Kräuter und Schalottenwürfel unterrühren und mit Paprikapulver, Salz und Pfeffer würzen. Den Kräuterquark möglichst ca. 10 Min. ruhen lassen. Fein auf einer dicken Scheibe Bauernbrot oder auch zu Pellkartoffeln.

Für 4 Personen • 10 Min. Zubereitung •
Pro Portion ca. 485 kcal, 19 g E, 44 g F, 2 g KH

OBATZDA

FÜR DEN BIERGARTEN

1 kleine Zwiebel • 200 g reifer Camembert (ersatzweise Brie) • 100 g Rotschimmelkäse (z. B. reifer Romadur) • 100 g weiche Butter • ¾ TL Kümmel • ½ TL edelsüßes Paprikapulver • 3 EL Weißbier • Salz, Pfeffer • 125 g Doppelrahm-Frischkäse

1 Die Zwiebel schälen und fein würfeln. Beide Käsesorten in kleine Würfel schneiden und mit einer Gabel leicht zerdrücken. Die Butter mit einem Handrührgerät (Rührbesen) in 1–2 Min. cremig aufschlagen. Beide Käsesorten und die Zwiebelwürfel unterrühren.

2 Die Kümmelsamen nach Belieben grob hacken. Die Käsecreme mit Kümmel, Paprikapulver, Bier, Salz und Pfeffer würzen. Den Frischkäse unterrühren. Obatzda zugedeckt im Kühlschrank ca. 1 Std. durchziehen lassen. Passt perfekt zu Laugengebäck oder Bauernbrot.

Für 4 Personen • 10 Min. Zubereitung •
Pro Portion ca. 185 kcal, 9 g E, 16 g F, 1 g KH

PAPRIKA-FETA-CREME

WIE IN GRIECHENLAND

200 g Schafskäse (Feta) • 75 g gegrillte rote Paprika (in Öl, aus dem Glas) • 2 EL Olivenöl • 1 TL Weißweinessig • ⅓ TL getrockneter Oregano • 2 Msp. Chilipulver • Salz, Pfeffer • 3 Stängel Dill

1 Den Schafskäse trocken tupfen und grob zerbröckeln. Die Paprika in einem Sieb gründlich abtropfen lassen und in Stücke schneiden. Schafskäse und Paprika mit Öl, Essig und Oregano fein pürieren. Die Creme mit Chilipulver, wenig Salz (der Schafskäse ist meist schon recht salzig) und Pfeffer abschmecken.

2 Dill waschen und trocken schütteln, die Blättchen abzupfen und fein zerschneiden. Gut die Hälfte davon unter die Paprika-Feta-Creme rühren, den Rest als Garnitur darüberstreuen. Dazu passt Fladenbrot und Rohkost.

Für 4 Personen • 10 Min. Zubereitung •
6 Std. Einweichen •
Pro Portion ca. 310 kcal, 11 g E, 22 g F, 18 g KH

CASHEW-FRISCHKÄSE

VEGAN

200 g Cashewkerne • 1 Knoblauchzehe (nach Belieben) • 2 EL Hefeflocken • 2 TL Zitronensaft • ½ TL Kräuter der Provence • 2 Msp. edelsüßes Paprikapulver • Salz, Pfeffer

1 Cashewkerne in einem kleinen Schälchen mit 250 ml Wasser zugedeckt ca. 6 Std. (oder über Nacht) einweichen. Dann in ein Sieb abgießen, kalt abbrausen und abtropfen lassen.

2 Cashewkerne mit 80–100 ml Wasser (je nach gewünschter Konsistenz der Creme) in einer Küchenmaschine möglichst fein pürieren. Dabei die Masse immer wieder von den Wänden des Mixgefäßes nach unten kratzen. Nach Belieben Knoblauch schälen, hacken und kurz mitpürieren. Den Cashew-Frischkäse mit Hefeflocken, Zitronensaft, Kräutern der Provence, Paprikapulver, Salz und Pfeffer würzen.

Für 6 Personen • 10 Min. Zubereitung • Pro Portion ca. 140 kcal, 10 g E, 7 g F, 10 g KH

VEGANE BOHNEN-LEBERWURST

DEFTIG & WÜRZIG

1 Zwiebel
1 Knoblauchzehe
2 EL Sonnenblumenöl
½ TL getrockneter Majoran
1 Dose Kidneybohnen
(ca. 240 g Abtropfgewicht)
200 g Räuchertofu
Salz, Pfeffer
½ TL edelsüßes Paprikapulver
5 Stängel Petersilie

1 Zwiebel und Knoblauch schälen und getrennt voneinander klein würfeln. Öl in einer kleinen Pfanne erhitzen. Die Zwiebel darin langsam bei kleiner Hitze dünsten, bis sie leicht bräunt. Den Knoblauch dazugeben und kurz mitdünsten. Majoran unterrühren und die Pfanne vom Herd nehmen.

2 Die Bohnen in ein Sieb abgießen, kalt abbrausen und abtropfen lassen. Den Tofu klein würfeln. Beides mit der Zwiebel-Knoblauch-Mischung mithilfe eines Pürierstabs oder einer Küchenmaschine fein pürieren. Die Creme mit Salz, Pfeffer und Paprikapulver würzen. Petersilie waschen und trocken schütteln. Blättchen abzupfen, fein zerschneiden und untermischen. Die vegane Bohnen-Leberwurst hält sich 2–3 Tage in einem verschlossenen Glas im Kühlschrank.

GU CLOU

Die aufgeschlagene Butter ist ganz cremig und fluffig – anders als feste Kräuterbutter. Als Topping passen auch Oliven, Räucherlachs oder Pesto.

Für 4 Personen • 20 Min. Zubereitung • Pro Portion ca. 745 kcal, 10 g E, 76 g F, 4 g KH

DOUBLE BUTTERBOARD

SUPERTRENDY

3 EL Walnusskerne
1 Bio-Zitrone
250 g weiche Butter
10 g Parmesan
1 Knoblauchzehe
5 Scheiben Bündner Fleisch
2 Frühlingszwiebeln
100 g getrocknete Tomaten (in Öl, aus dem Glas)
2 Stängel Basilikum
Salz(flocken)
Pfeffer

TIPP
Butterboards eignen sich perfekt für eine gesellige Runde: Mit einem Stück Brot können alle die köstliche Creme direkt vom Brett dippen.

1 Die Walnüsse in einer Pfanne ohne Fett rösten, bis sie duften und leicht bräunen. Abkühlen lassen und grob hacken. Die Zitrone heiß waschen, trocken tupfen und 1 EL Schale möglichst fein abreiben. Die Butter in Stücke schneiden und in einer Schüssel mit einem Handrührgerät (Rührbesen) cremig schlagen. Den Zitronenabrieb untermischen.

2 Parmesan fein reiben. Die Buttermasse halbieren und eine Hälfte mit dem Parmesan mischen. Knoblauch schälen, zur anderen Butterhälfte pressen und gründlich unterrühren. Beide Buttermassen nebeneinander auf ein großes Küchenbrett oder eine Servierplatte geben und mit einem Löffelrücken wellenförmig verstreichen (die Buttermassen dürfen dabei zusammenkommen, sollten sich aber nicht mischen).

3 Das Bündner Fleisch in Streifen schneiden. Die Frühlingszwiebeln waschen, putzen und trocken schütteln. Grüne und weiße Teile getrennt voneinander in feine Ringe schneiden. Die Tomaten abtropfen lassen und in dünne Streifen schneiden. Basilikum waschen und trocken schütteln, die Blättchen abzupfen und in Streifen schneiden.

4 Auf der Parmesanbutter das Bündner Fleisch, grüne Frühlingszwiebelringe und Walnüsse verteilen. Tomatenstreifen, weiße Frühlingszwiebelringe und Basilikum auf die Knoblauchbutter geben. Das Butterboard mit 1 knappen TL Salz(flocken) überstreuen und mit Pfeffer übermahlen.

*Für 4 Personen • 15 Min. Zubereitung •
Pro Portion ca. 100 kcal, 9 g E, 5 g F, 5 g KH*

FORELLENCREME

FEIN ANGEMACHT

1 Stange Staudensellerie • 1 kleiner Apfel • 1 TL Zitronensaft • 1 geräuchertes Forellenfilet (ohne Haut, ca. 125 g) • 100 g Sahnequark • 2 EL Frischkäse • 1 TL Meerrettich (aus dem Glas) • Salz, Pfeffer • 2 Stängel Dill

1 Staudensellerie waschen, putzen, längs vierteln und die Viertel in sehr kleine Stücke schneiden. Apfel waschen, vierteln und das Kerngehäuse entfernen. Die Viertel ebenfalls klein würfeln und gleich mit Zitronensaft mischen.

2 Forellenfilet grob zerschneiden und mit dem Quark mithilfe eines Pürierstabs nicht zu fein pürieren. Sellerie, Apfel, Frischkäse und Meerrettich unterrühren, mit Salz und Pfeffer würzen. Dill waschen und trocken schütteln, Blättchen abzupfen und untermischen. Zum Servieren nach Belieben Nocken aus der Forellencreme formen. Fein zu Pumpernickel(-Talern).

*Für 4 Personen • 15 Min. Zubereitung •
20 Min. Kühlen •
Pro Portion ca. 225 kcal, 21 g E, 14 g F, 2 g KH*

ASIA-TATAR

NEU GEWÜRZTER KLASSIKER

2 EL Sesam • 3 EL Sojasauce • 1 TL Chilisauce (z. B. Sriracha) • 3 EL geröstetes Sesamöl • 1 Frühlingszwiebel • 1 Stück Ingwer (ca. 2 cm lang) • 350 g Rinderfilet • 8 Stängel Koriandergrün

1 Sesam in einer Pfanne ohne Fett rösten, bis er duftet, dann herausnehmen. Für die Marinade Soja- und Chilisauce mit Sesamöl glatt rühren. Frühlingszwiebel putzen und waschen. Weißen Teil längs vierteln und in kleine Stücke schneiden, das Grün in feine Ringe. Ingwer schälen und fein reiben. Beides zur Marinade geben.

2 Rindfleisch in sehr dünne Scheiben, dann in feine Streifen schneiden und diese fein würfeln. Fleisch und Sesam mit der Marinade mischen. Zugedeckt ca. 20 Min. im Kühlschrank ruhen lassen. Korianderarün waschen, trocken schütteln, Blättchen fein zerschneiden und untermengen.

Für 4 Personen • 10 Min. Zubereitung • Pro Portion ca. 165 kcal, 6 g E, 11 g F, 11 g KH

MEDITERRANE BOHNENCREME

SCHNELL & EINFACH

1 Dose weiße (Cannellini-)Bohnen (400 g) • 1 EL Kapern (ersatzweise 2 kleine Essiggurken) • ½ Bio-Zitrone • 1 Knoblauchzehe • 3 Zweige (Zitronen-)Thymian • 4 EL Olivenöl • Salz, Pfeffer • 2 Msp. Chilipulver

1 Bohnen abgießen, Einweichwasser auffangen. Bohnen abbrausen und abtropfen lassen. Kapern fein hacken. Zitrone heiß waschen, trocken tupfen, Schale fein abreiben und Saft auspressen. Knoblauch schälen, grob hacken. Thymian waschen, trocken schütteln und Blättchen abzupfen.

2 Bohnen, Knoblauch, Öl, 2 EL Zitronensaft, Zitronenabrieb und gut die Hälfte Thymian mit einem Pürierstab fein pürieren. Dabei nach und nach so viel Bohnen-Einweichwasser untermixen, bis eine weiche Creme entstanden ist. Übrigen Thymian und Kapern unterrühren. Mit Salz, Pfeffer, Zitronensaft und Chilipulver abschmecken.

Für 4 Personen • 10 Min. Zubereitung • Pro Portion ca. 225 kcal, 7 g E, 12 g F, 19 g KH

HUMMUS

BELIEBT

1 Dose Kichererbsen (400 g) • 1 Knoblauchzehe • ½ Zitrone • 2 EL Tahin (Sesampaste) • 3 EL Olivenöl • ½ TL gemahlener Kreuzkümmel • 2 Msp. Chilipulver • Salz, Pfeffer

1 Die Kichererbsen in ein Sieb abgießen und abtropfen lassen, dabei das Einweichwasser auffangen. Den Knoblauch schälen und grob hacken. Die Zitrone auspressen.

2 Kichererbsen mit Knoblauch, Zitronensaft, Tahin und Öl in einem hohen Mixgefäß mit einem Pürierstab fein pürieren. Dabei nach und nach so viel Kichererbsen-Einweichwasser dazugießen, bis eine cremige Masse entstanden ist. Mit Kreuzkümmel, Chilipulver, Salz und Pfeffer würzen. Hummus passt gut zu Weiß-, Fladen- oder Pfannenbrot sowie zu Crackern und Grillgemüse.

Für 6 Personen • 30 Min. Zubereitung • 2 Std. Kühlen • Pro Portion ca. 250 kcal, 6 g E, 20 g F, 10 g KH

PKHALI – GEMÜSEBÄLLCHEN

GEORGISCHE SPEZIALITÄT

300 g Blattspinat
250 g vorgegarte Rote Bete (vakuumverpackt)
150 g Walnusskerne
2 Knoblauchzehen
3 EL Weißweinessig
1 TL gemahlener Koriander
½ TL Chilipulver
Salz, Pfeffer
2 Frühlingszwiebeln
½ Bund Koriandergrün
3 Stängel Dill
2 EL Olivenöl

1 Spinat waschen und putzen. In einem Topf bei großer Hitze zusammenfallen lassen, dann in einem Sieb abtropfen und abkühlen lassen. Möglichst viel Flüssigkeit herauspressen und fein hacken. Inzwischen Rote Bete grob raspeln (dabei am besten Einweghandschuhe tragen, weil Rote Bete stark abfärbt).

2 Walnüsse in einer Pfanne ohne Fett rösten, bis sie duften, dann herausnehmen. Knoblauch schälen und grob hacken. Mit den Walnüssen in einem Blitzhacker zu einer cremigen Masse verarbeiten (dazu stoßweise zerkleinern und die Nussmasse immer wieder nach unten kratzen). Mit Essig, Koriander- und Chilipulver verrühren, kräftig salzen und pfeffern. Die eine Hälfte mit Spinat, die andere mit Roter Bete mischen.

3 Frühlingszwiebeln waschen und putzen, die weißen Teile längs achteln und in kleine Stücke schneiden, das Grün in Ringe. Koriandergrün und Dill waschen, trocken schütteln, Blättchen abzupfen und grob zerschneiden. Öl in einem Pfännchen erhitzen, weiße Zwiebelstücke darin hellbraun dünsten. Jeweils die Hälfte Koriandergrün und Zwiebelgrün zugeben. Leicht zusammenfallen lassen und unter die Spinatmischung mengen.

4 Übriges Koriander- und Zwiebelgrün sowie Dill mit der Rote-Bete-Mischung vermengen. Beide Massen ca. 2 Std. zugedeckt kühl stellen. Mit Salz und Pfeffer abschmecken und jeweils zu tischtennisballgroßen Bällchen formen. Auf einer Servierplatte oder direkt auf Brotscheiben anrichten.

Für 4 Personen • 20 Min. Zubereitung • 30 Min. Garen • Pro Portion ca. 330 kcal, 8 g E, 25 g F, 17 g KH

PAPRIKA-MANDEL-CREME

EXTRAWÜRZIG

4 rote Paprika (ca. 700 g)
2 Knoblauchzehen
6 Zweige Thymian
5 EL Olivenöl
Salz, Pfeffer
2 Orangen
2 Scheiben Toastbrot
4 EL Rauchmandeln (Fertigprodukt)
1 TL edelsüßes Paprikapulver
½ TL gemahlener Kreuzkümmel

1 Paprika waschen, halbieren, putzen und in Stücke schneiden. Knoblauch schälen und in Scheiben schneiden. Thymian waschen, trocken schütteln und die Blättchen grob zerschneiden.

2 In einer beschichteten Pfanne 3 EL Öl erhitzen. Paprika darin bei großer Hitze braten, bis sie bräunen. Knoblauch zugeben und 2–3 Min. bei mittlerer Hitze mitbraten, salzen und pfeffern. Orangen auspressen, Paprika mit 5 EL Orangensaft ablöschen. Bei kleiner Hitze zugedeckt in 15–20 Min. weich garen, dabei nach und nach gerade so viel Orangensaft dazugießen, dass nichts anbrennt. Thymian unterrühren und weitere 5–10 Min. offen garen, bis die Flüssigkeit fast verdunstet ist. Abkühlen lassen. Inzwischen Toast braun toasten, abkühlen lassen und grob zerzupfen.

3 Paprika mit Mandeln, Brotstücken, Gewürzen und übrigem Öl (2 EL) fein pürieren. Mit Salz, Pfeffer und Orangensaft abschmecken.

Für 4 Personen • 20 Min. Zubereitung • 20 Min. Garen • Pro Portion ca. 175 kcal, 7 g E, 6 g F, 25 g KH

SCHARFE KÜRBIS-LINSEN-CREME

INDISCH ANGEHAUCHT

300 g Hokkaido-Kürbis
1 Zwiebel
1 Knoblauchzehe
2 EL Kokosöl (ersatzweise Olivenöl)
1 TL scharfes Currypulver
½ TL gemahlene Kurkuma
200 ml Gemüsebrühe
80 g rote Linsen
Salz, Pfeffer
2 EL Limettensaft

1 Kürbis von Schale und Kernen befreien, Fruchtfleisch (ca. 250 g) ca. 1 cm groß würfeln. Zwiebel und Knoblauch schälen und fein würfeln. Öl in einem Topf erhitzen und die Zwiebel darin langsam andünsten, bis sie leicht bräunt. Knoblauch kurz mitdünsten.

2 Kürbiswürfel, Curry- und Kurkumapulver dazugeben und unter Rühren 1–2 Min. andünsten. 150 ml Gemüsebrühe und Linsen unterrühren, mit Salz und Pfeffer würzen. Zugedeckt bei mittlerer Hitze 15–20 Min. garen, dabei gelegentlich umrühren und bei Bedarf übrige Brühe oder etwas Wasser zugießen.

3 Alles in ein Sieb abgießen, dabei die Brühe auffangen. Kürbismischung kurz abkühlen lassen, dann fein pürieren und bei Bedarf noch etwas Brühe unterrühren. Mit Limettensaft, Salz und Pfeffer abschmecken. Die Kürbis-Linsen-Creme abkühlen lassen und evtl. noch etwas Brühe untermengen (die Creme wird beim Abkühlen fester).

Für 4 Personen • 10 Min. Zubereitung • 50 Min. Garen • 1 Std. Kühlen • Pro Portion ca. 140 kcal, 5 g E, 8 g F, 11 g KH

PIKANTE AUBERGINENCREME

ORIENTALISCH

4 Auberginen
2 Knoblauchzehen
2 Stängel Minze
5 Stängel Petersilie
2 EL Tahin (Sesampaste)
3 EL Zitronensaft
2 EL Olivenöl
½ TL gemahlener Kreuzkümmel
2 Msp. Chilipulver
Salz, Pfeffer

1 Den Backofengrill auf 270° vorheizen und ein Backblech mit Alufolie auslegen. Die Auberginen waschen. Mit einem spitzen Messer und mit einer Gabel rundum mehrmals tief einstechen. Knoblauch schälen und längs in Stifte schneiden. Jeweils einen Stift in einen der Einstiche stecken. Die Auberginen auf das Blech legen und im heißen Ofen (oben) 45–50 Min. garen, dabei drei- bis viermal ringsum wenden (die Haut sollte am Ende trocken und leicht eingefallen aussehen).

2 Die Auberginen längs halbieren und in einem Sieb lauwarm abkühlen und abtropfen lassen. Inzwischen Minze und Petersilie waschen und trocken schütteln, Blättchen abzupfen (ein paar zum Garnieren beiseitelegen) und fein zerschneiden.

3 Das Fruchtfleisch der Auberginen mit einem Löffel herauskratzen. Mit einem Messer klein hacken, dann mithilfe einer Gabel gründlich mit Tahin, 2–3 EL Zitronensaft und Öl vermengen. Mit Kreuzkümmel, Chilipulver, Salz und Pfeffer würzen. Minze und Petersilie untermischen. Die Auberginencreme möglichst ca. 1 Std. zugedeckt im Kühlschrank durchziehen lassen. Mit den beiseitegelegten Kräuterblättchen garnieren.

Für 4 Personen • 15 Min. Zubereitung • 30 Min. Kühlen • Pro Portion ca. 180 kcal, 7 g E, 11 g F, 13 g KH

ERBSENCREME MIT MINZE

FRÜHLINGSREZEPT

300 g TK-Erbsen
2 Schalotten
2 EL Butter
Salz
1 Bio-Limette
2 EL helles Mandelmus
⅓ TL gemahlener Koriander
1 Msp. Chiliflocken
Pfeffer
2 Stängel Minze

1 Erbsen aus der Packung nehmen und bis zur Weiterverwendung leicht antauen lassen. Schalotten schälen und fein würfeln. Butter in einem Topf schmelzen lassen und die Schalotten darin bei kleiner bis mittlerer Hitze weich und goldgelb dünsten.

2 Erbsen und 2–3 EL Wasser zugeben, salzen und zugedeckt bei mittlerer Hitze 7–8 Min. dünsten. Dabei ein- bis zweimal umrühren und bei Bedarf weitere 1–2 EL Wasser zugeben (die Flüssigkeit sollte am Ende fast verdunstet sein).

3 Erbsenmischung auskühlen lassen. Inzwischen Limette heiß waschen und trocken tupfen, Schale fein abreiben und Saft auspressen. Erbsenmischung mit Mandelmus nach Belieben mehr oder weniger fein pürieren. Mit Koriander, Chiliflocken, Salz, Pfeffer, ½ TL Limettenabrieb und 2–3 EL Limettensaft würzen. Minze waschen und trocken schütteln, die Blättchen fein zerschneiden und unterrühren.

Für 4 Personen • 10 Min. Zubereitung • 30 Min. Ruhen • Pro Portion ca. 225 kcal, 6 g E, 20 g F, 4 g KH

WÜRZIGE PILZCREME

HERBSTREZEPT

10 g getrocknete Steinpilze
150 g braune Champignons
1 kleine Zwiebel
1 Knoblauchzehe
5 EL Olivenöl
Salz, Pfeffer
⅓ TL getrockneter Majoran
40 g Pinienkerne
3 EL Parmesan
2 Stängel Basilikum

1 Steinpilze mit 150 ml kochend heißem Wasser übergießen und ca. 30 Min. ziehen lassen. Dann durch ein feines Sieb abgießen, dabei das Einweichwasser auffangen. Pilze ausdrücken und klein schneiden.

2 Champignons putzen und klein würfeln. Zwiebel und Knoblauch schälen und fein würfeln. 2 EL Öl in einer kleinen Pfanne erhitzen, Zwiebel darin goldgelb und weich dünsten. Knoblauch und Champignons zugeben und unter Rühren ca. 2 Min. bei großer Hitze mitbraten. Mit 75 ml Einweichwasser ablöschen. Steinpilze zugeben, mit Salz, Pfeffer und Majoran würzen und alles bei mittlerer bis großer Hitze kochen lassen, bis die Flüssigkeit fast verdampft ist. Abkühlen lassen.

3 Pinienkerne ohne Fett rösten, bis sie leicht duften, dann abkühlen lassen. Mit der Pilzmischung, Parmesan und dem übrigen Öl (3 EL) fein pürieren. Basilikum waschen und trocken schütteln. Blättchen abzupfen, in Streifen schneiden und unter die Pilzcreme mischen.

BROTZEIT MIT FREUNDEN

TOASTRÖLLCHEN MIT GEMÜSE

BUNTES FINGERFOOD

FÜR DIE TAHIN-KRÄUTER-CREME

25 g Petersilie
1 kleines Bund Basilikum
1 Zitrone
3 ½ EL Tahin (Sesampaste)
1 TL Ahornsirup
Salz, Pfeffer
2 Msp. Chilipulver

AUSSERDEM

1 lange dicke Möhre
1 Stück weißer Rettich (ca. 8 cm lang)
1 Stange Staudensellerie
1 rote Paprika
6 Scheiben (Vollkorn-)Toast

1 Für die Tahin-Kräutercreme Petersilie und Basilikum waschen und trocken schütteln, Blättchen abzupfen und grob zerschneiden. Zitrone auspressen und den Saft mit Tahin, Ahornsirup, Salz, Pfeffer und Chilipulver in ein Mixgefäß geben. In einer Küchenmaschine oder mit einem Pürierstab möglichst fein pürieren, dabei nach und nach esslöffelweise kaltes Wasser zugeben, bis eine feste, aber streichfähige Konsistenz erreicht ist. Die Kräuterblättchen unterrühren.

2 Das gesamte Gemüse waschen und putzen, Möhre und Rettich schälen. Die Möhre quer in 7–9 cm lange Stücke schneiden, diese zuerst längs in ca. 4 mm breite Scheiben, dann der Länge nach in ca. 4 mm dünne Streifen schneiden. Rettich schälen und wie die Möhre zerkleinern. Staudensellerie quer in 7–9 cm lange Stücke schneiden und diese längs in vier bis fünf dünne Streifen schneiden. Paprikahälften längs in dünne Streifen schneiden.

3 Die Toastscheiben nacheinander leicht hellbraun rösten. Noch lauwarm auf einem Küchenbrett mit einem Teigroller oder Nudelholz flach rollen. Jede Scheibe einmal längs halbieren. Die Toaststücke mit der Tahin-Kräutercreme bestreichen. Jeweils 6–8 verschiedene Gemüsestreifen so darauflegen, dass ihre Enden bündig mit dem unteren Brotrand abschließen. Dann die Toasthälften um die Gemüsestreifen herum aufrollen und an der offenen Seite gut festdrücken. Die Toaströllchen aufrecht hinstellen, sodass das Gemüse oben herausragt.

TAUSCH-TIPP

In die Toaströllchen passen neben Gurkensticks auch Erbsen-Spargel-Sprossen, die mit ihrer langen, filigranen Form noch einen optischen Akzent setzen.

Für 4 Personen • 25 Min. Zubereitung • Pro Portion ca. 385 kcal, 21 g E, 19 g F, 30 g KH

SANDWICHES MIT HÄHNCHENSALAT

INDIAN STYLE

250 g gegartes Hähnchenfleisch (ohne Haut, z. B. Reste von einem Brathähnchen)
½ Zitrone
1 kleiner säuerlicher Apfel (z. B. Granny Smith)
1 Stange Staudensellerie
100 g Mayonnaise
2 EL griechischer Joghurt (10 % Fett)
2 TL Currypulver
Salz, Pfeffer
8 Stängel Koriandergrün
8 Scheiben Sandwich-Toastbrot

1 Das Hähnchenfleisch möglichst klein würfeln. Die Zitrone auspressen. Den Apfel waschen, vierteln, vom Kerngehäuse befreien und die Viertel in ca. 0,5 cm große Würfel schneiden. Gleich mit 1 TL Zitronensaft mischen. Staudensellerie waschen, trocken schütteln und putzen. Das Selleriegrün fein zerschneiden. Die Selleriestange längs vierteln, dann quer in kleine Würfel schneiden.

2 Mayonnaise, Joghurt und Currypulver glatt rühren. Mit Salz, Pfeffer und 2–3 EL Zitronensaft würzen. Hähnchen, Sellerie und Apfel unterrühren. Koriandergrün waschen und trocken schütteln. Die Blättchen abzupfen, grob zerschneiden und mit 1 EL Selleriegrün unter die Creme heben.

3 Den Hähnchensalat gleichmäßig auf 4 Toastscheiben verteilen. Die übrigen 4 Brotscheiben auflegen und leicht andrücken. Die Sandwiches diagonal halbieren.

Für 4 Personen • 25 Min. Zubereitung • Pro Portion ca. 455 kcal, 19 g E, 31 g F, 25 g KH

SANDWICHES MIT EIERSALAT

AUS ENGLAND

8 Eier (M)
100 g Schmand
4 EL Mayonnaise
¾ TL Dijon-Senf
1 TL Weißweinessig
Salz, Pfeffer
1 Mini-Salatgurke
2 Frühlingszwiebeln
2 Kästchen Kresse
8 Scheiben Sandwich-Toastbrot

1 Eier in ca. 10 Min. hart kochen. Zum Abschrecken und Abkühlen in eine Schüssel mit kaltem Wasser legen. Pellen und klein würfeln.

2 Inzwischen Schmand, Mayonnaise und Senf glatt rühren. Mit Essig, Salz und Pfeffer würzen. Gurke schälen und putzen, zuerst längs in ca. 0,5 cm dicke Scheiben, dann längs in 0,5 cm breite Streifen schneiden, schließlich quer in kleine Würfel. Frühlingszwiebeln waschen und trocken schütteln. Weiße Teile jeweils längs vierteln und in feine Stückchen schneiden, grüne Teile in feine Ringe. Kresse abbrausen, trocken schütteln und mit einer Schere vom Beet schneiden.

3 Die Eier- und Gurkenwürfel mit den Frühlingszwiebeln und der Schmandcreme vermischen. Die Kresse unterheben, mit Salz und Pfeffer abschmecken. Den Eiersalat gleichmäßig auf 4 Toastscheiben verteilen. Die 4 übrigen Toasts auflegen, leicht andrücken und die Sandwiches diagonal halbieren.

GU **CLOU**

In Schweden wird die Brottorte (»Smörgåstårta«) oft mit normalem oder schon etwas älterem Brot gemacht – ein beeindruckendes Resteessen! Dafür aber unbedingt die Rinde entfernen und die Torte schön lange ziehen lassen.

Für 6 Personen (12 Scheiben) • 40 Min. Zubereitung • 4 Std. Kühlen • Pro Scheibe ca. 360 kcal, 12 g E, 26 g F, 18 g KH

SANDWICHTORTE MIT LACHS

(MID-)SOMMERREZEPT

800 g Frischkäse
600 g Schmand
Salz, Pfeffer
150 g vorgegarte Rote Bete (vakuumverpackt, ersatzweise eingelegt aus dem Glas)
½ Bio-Zitrone
1 Bund Dill
3 TL Meerrettich (aus dem Glas)
1 Bund Schnittlauch
1 dicke Möhre
2 Msp. gemahlene Kurkuma
1 Bund Radieschen
12 Scheiben (Vollkorn-) Sandwich-Toastbrot
100 g geräucherter Lachs (in Scheiben)

TIPP

Die Sandwichtorte vor dem Servieren am besten noch üppig mit Schnittlauchröllchen, Lachsstreifen, Kresse oder Radieschenscheiben garnieren.

1 Frischkäse und Schmand verrühren, mit 1 TL Salz und Pfeffer würzen. In drei Portionen à 300 g und eine Portion à 500 g aufteilen. Rote Bete klein schneiden (dabei am besten Einweghandschuhe tragen). Zitrone heiß waschen und trocken tupfen, Schale fein abreiben und Saft auspressen. Dill waschen und trocken schütteln, Blättchen fein hacken. Von 300 g Frischkäsecreme 2 EL abnehmen, mit der Roten Bete pürieren. Mit der übrigen Portion Creme, der Hälfte Dill und Meerrettich verrühren. Mit etwas Zitronensaft, Salz und Pfeffer abschmecken.

2 Schnittlauch waschen, trocken schütteln und in Röllchen schneiden. Mit dem übrigen Dill und 300 g Frischkäsecreme mischen. Die Möhre waschen, putzen und fein raspeln. Mit dem Zitronenabrieb unter 300 g Creme mischen, mit Kurkuma und etwas Zitronensaft würzen. Radieschen waschen, putzen und in Scheiben schneiden.

3 Den Rand der Toastscheiben dünn wegschneiden. Auf einer länglichen Servierplatte 3 Scheiben Toast dicht nebeneinanderlegen. Gleichmäßig mit der Rote-Bete-Creme bestreichen und mit den Radieschenscheiben belegen. 3 Toastscheiben darüberlegen und mit Kräutercreme bestreichen. Die Lachsscheiben darauf verteilen. Wieder 3 Toastscheiben auflegen, leicht festdrücken und gleichmäßig mit der Möhrencreme bestreichen. Die übrigen 3 Toastscheiben auflegen und leicht andrücken. Die Sandwichtorte ringsum mit der übrigen Frischkäsemischung (500 g) bestreichen. Zugedeckt mindestens 4 Std. (besser über Nacht) im Kühlschrank ziehen lassen.

Für 4 Personen • 20 Min. Zubereitung • Pro Portion ca. 500 kcal, 26 g E, 33 g F, 25 g KH

SMØRREBRØD MIT KRABBEN-RÜHREI

NORDISCH ÜPPIG

200 g geschälte Nordsee-krabben
1 kleine Avocado
1 EL Zitronensaft
4 Stängel Dill
Salz, Pfeffer
4 dicke Scheiben Roggenbrot (ersatzweise dunkles Vollkornbrot)
3 EL Butter
6 Eier (M)
4 EL Sahne
frisch geriebene Muskatnuss
1 kleines Bund Schnittlauch

1 Krabben in einem Sieb kalt abbrausen und abtropfen lassen. Avocado halbieren, Kern entfernen. Fruchtfleisch mit einem Löffel aus der Schale lösen und ca. 1 cm groß würfeln, gleich mit Zitronensaft mischen. Dill waschen und trocken schütteln, Blättchen abzupfen und fein zerschneiden. Mit Krabben und Avocado mischen, salzen, pfeffern und kurz ziehen lassen.

2 Inzwischen Brote mit 2 EL Butter bestreichen. Eier und Sahne verquirlen, mit Muskatnuss, Salz und Pfeffer würzen. Schnittlauch waschen, trocken schütteln und in Röllchen schneiden. Übrige Butter (1 EL) in einer Pfanne bei kleiner bis mittlerer Hitze schmelzen. Gut die Hälfte Schnittlauch kurz andünsten, Eiermischung zugießen. Beginnt die Mischung am Rand zu stocken, ringsum vom Rand her mit einem Holzlöffel nach innen schieben, bis das Ei gestockt, aber noch cremig und feucht ist. Auf den Broten verteilen, Krabbenmischung darübergeben. Mit übrigem Schnittlauch bestreuen.

Für 4 Personen • 15 Min. Zubereitung • 30 Min. Kühlen • Pro Portion ca. 455 kcal, 22 g E, 26 g F, 33 g KH

SMØRREBRØD MIT ROASTBEEF

DÄNISCHER KLASSIKER

1 Glas Mixed Pickles (ca. 190 g Abtropfgewicht)
120 g Mayonnaise
100 g Schmand
1 TL Senf
2 TL Aprikosenkonfitüre
1 TL Currypulver
Salz, Pfeffer
2 Spritzer Zitronensaft
4 dicke Scheiben Roggenbrot (ersatzweise Bauernbrot)
300 g Roastbeef-Aufschnitt
1 Kästchen Kresse

1 Für die Remoulade die Mixed Pickles abgießen und gut abtropfen lassen, dabei den Einlegesud auffangen. 1–2 Gürkchen abnehmen und beiseitelegen (der Rest Mixed Pickles sollte noch etwa 150 g wiegen). Die Pickles möglichst klein zerschneiden oder hacken. Mayonnaise mit Schmand, Senf, 1 ½ TL Aprikosenkonfitüre und ½ TL Currypulver glatt rühren. Mit Salz, Pfeffer und Zitronensaft würzen. Die Remoulade zugedeckt ca. 30 Min. im Kühlschrank ziehen lassen. Nach Geschmack mit der übrigen Aprikosenkonfitüre (½ TL), dem übrigen Currypulver (½ TL) und 1–2 EL Einlegesud von den Mixed Pickles abschmecken.

2 Die beiseitegelegten Gürkchen längs in dünne Scheiben schneiden. Die Brote dick mit der Remoulade bestreichen. Roastbeef und Gurkenscheiben darauf anrichten. Die Kresse abbrausen, trocken schütteln, vom Beet schneiden und darüberstreuen.

Für 4 Spieße • 20 Min. Zubereitung • Pro Stück ca. 435 kcal, 17 g E, 18 g F, 50 g KH

BUNTE BROTSPIESSE

PICKNICKTAUGLICH

FÜR DIE SPIESSE

60 g grüne Oliven (entsteint)
2 ½ EL Kapern
1 großes Bund gemischte Kräuter (z. B. Petersilie, Basilikum, Dill, Schnittlauch)
1 Kästchen Radieschensprossen (ersatzweise Kresse)
½ Bio-Zitrone
250 g Frischkäse
100 g Magerquark
2 EL Mayonnaise
Salz, Pfeffer
8 Scheiben Bauernbrot (ersatzweise Sauerteigbrot)

AUSSERDEM

1 Mini-Salatgurke
8 Kirschtomaten
8 Radieschen
8 stabile (Holz-)Spieße

1 Oliven und Kapern abtropfen lassen, beides fein hacken. Die Kräuter waschen, trocken schütteln, Blättchen abzupfen und fein zerschneiden (Schnittlauch bei Verwendung in kleine Röllchen schneiden). Die Sprossen vorsichtig kalt abbrausen, trocken schütteln, dann mit einer Schere vom Beet schneiden. Die Zitrone heiß waschen und trocken tupfen. Schale fein abreiben und Saft auspressen. Frischkäse, Quark und Mayonnaise glatt rühren. Oliven, Kapern, Kräuter, Sprossen, Zitronenabrieb und 1–2 EL Zitronensaft unterrühren. Salzen und pfeffern.

2 Die Brotscheiben jeweils gleichmäßig mit der Creme bestreichen, dann je zwei Scheiben so zusammenlegen, dass die Creme dick in der Mitte ist. Leicht festdrücken. Die Brote dann mit einem scharfen Messer mit möglichst wenig Druck diagonal in jeweils ca. 6 gleich große Ecken schneiden.

3 Gurke waschen, putzen und quer in 8 dickere Scheiben schneiden. Tomaten und Radieschen waschen, Radieschen putzen. Brotecken, Gurkenscheiben, Tomaten und Radieschen abwechselnd aufspießen, sodass alles bunt auf den Spießen verteilt ist. Die harten Radieschen dazu bei Bedarf vorab mit einem Metall-(Schaschlik-)Spieß durchbohren.

TIPP
Wer mag, steckt weniger Zutaten auf kürzere Spieße und nutzt das Brot als Standbasis (siehe Bild).

Für 4 Personen (8 Stücke) • 15 Min. Zubereitung • 45 Min. Garen • Pro Stück ca. 195 kcal, 6 g E, 9 g F, 22 g KH

CROSTINI MIT RÖSTTOMATEN

NEU AUFGELEGT

500 g Kirschtomaten
1 Knoblauchzehe
1 Zweig Rosmarin
1 TL Zucker
2 EL Aceto balsamico
4 EL Olivenöl
Salz, Pfeffer
8 Scheiben Ciabatta
2 Stängel Basilikum
250 g Ricotta

1 Den Backofen auf 175° vorheizen. Tomaten waschen und halbieren. Dicht an dicht mit der Schnittfläche nach oben in einer passenden ofenfesten Form nebeneinanderlegen. Knoblauch schälen, halbieren und die Hälften in Scheiben schneiden. Rosmarin waschen und trocken schütteln, Nadeln abzupfen und klein hacken. Den Knoblauch zwischen, den Rosamarin auf den Tomaten verteilen. Zucker, Aceto balsamico und Öl darauf verteilen, salzen und pfeffern. Die Tomaten im heißen Ofen (Mitte) ca. 40 Min. garen.

2 Tomaten kurz abkühlen lassen, währenddessen Ofentemperatur auf 220° erhöhen. Die Brotscheiben auf einen Backrost legen und im heißen Ofen (Mitte) in ca. 5 Min. goldbraun rösten. Lauwarm abkühlen lassen. Inzwischen Basilikum waschen, trocken schütteln und die Blättchen grob zerzupfen. Brotscheiben mit Ricotta bestreichen und die Tomaten mit etwas Garsud darauf verteilen. Die Crostini mit Pfeffer übermahlen und mit Basilikum bestreuen. Warm servieren.

Für 4 Personen (8 Stücke) • 20 Min. Zubereitung • 30 Min. Garen • Pro Stück ca. 220 kcal, 9 g E, 12 g F, 18 g KH

CROSTINI MIT GEFLÜGELLEBERCREME

ITALIENISCHER KLASSIKER

250 g Hähnchenlebern
2 Schalotten
1 Zweig Thymian
2 EL Kapern
75 g weiche Butter
Salz, Pfeffer
3 EL Rotwein
3 EL Portwein
8 Scheiben Ciabatta
2 EL Olivenöl

1 Fett und Sehnen von den Lebern entfernen. Schalotten schälen und fein würfeln. Thymian waschen und trocken schütteln, Blättchen abzupfen und fein hacken. Kapern grob hacken.

2 In einer beschichteten Pfanne 1 EL Butter erhitzen. Schalotten darin bei mittlerer Hitze langsam goldgelb und weich dünsten. Die Lebern bei mittlerer bis großer Hitze rundum ca. 2 Min. darin braten. Salzen, pfeffern, Rotwein und Portwein zugießen. Bei mittlerer Hitze weitere 2–3 Min. braten, dabei Thymian unterrühren. Kapern untermengen und vom Herd nehmen, etwas abkühlen lassen.

3 Hähnchenmischung mit übriger Butter in einem hohen Mixgefäß pürieren. Salzen und pfeffern, etwas abkühlen lassen. Inzwischen Backofen auf 220° vorheizen. Brotscheiben dünn mit Öl bepinseln, auf einem Backrost im heißen Ofen (Mitte) in 3–5 Min. goldbraun rösten. Crostini noch warm mit der Geflügellebercreme bestreichen.

GU
CLOU

Durch das Vorgaren im Ofen verliert der Knoblauch an Schärfe und Geruch – also keine Panik: Trotz drei ganzer Knollen besteht man nach diesem Brot jeden Kusstest!

Für 4 Personen • 15 Min. Zubereitung • 1 Std. Garen • Pro Portion ca. 620 kcal, 14 g E, 37 g F, 57 g KH

KNOBLAUCHBAGUETTE

AUF DIE FEINE ART

3 ganze Knoblauchknollen
3 EL Olivenöl zum Braten
125 g weiche Butter
1 Bund Petersilie
3 EL Kapern
4 EL Parmesan
Salz, Pfeffer
3 Msp. Chiliflocken
1 Baguette (ca. 250 g)

TAUSCH-TIPP
Lust auf mehr Käse? Dann nur 100 g Butter und statt des Parmesans 150 g geriebenen Mozzarella (aus dem Kühlregal) verwenden.

1 Den Backofen auf 180° vorheizen. Die Knoblauchknollen oben am Stielansatz so abschneiden, dass die Zehen gerade etwas mit angeschnitten sind. Die Knollen jeweils auf drei passend zurechtgeschnittene Alufolien-Quadrate (ca. 25 × 25 cm) setzen. Gleichmäßig mit Öl beträufeln. Die Alufolie jeweils über den Knollen schließen und die Päckchen auf ein Backblech setzen. Im heißen Ofen (Mitte) ca. 45 Min. garen. Die Knollen herausnehmen, auspacken und abkühlen lassen. Den Backofen auf 200° einstellen.

2 Die Knoblauchzehen aus der Schale in ein Mixgefäß drücken. Butter in Stücke schneiden, zum Knoblauch geben und fein pürieren. Petersilie waschen und trocken schütteln, Blättchen abzupfen und fein hacken. Kapern ebenfalls fein hacken. Beides mit Parmesan unter die Knoblauchbutter mischen. Mit Salz, Pfeffer und Chiliflocken würzen.

3 Baguette waagerecht halbieren und die Schnittflächen mit der Knoblauchbutter bestreichen. Auf einem Gitterrost im heißen Ofen (Mitte) in 10–15 Min. goldbraun backen. Das Knoblauchbaguette kurz abkühlen lassen und noch warm servieren.

Für 4 Personen • 25 Min. Zubereitung • 10 Min. Backen • Pro Portion ca. 915 kcal, 13 g E, 65 g F, 65 g KH

BROTCHIPS MIT AVOCADO-DIP

TOLLE RESTEVERWERTUNG

FÜR DIE BROTCHIPS
450 g Baguette vom Vortag
4 EL Olivenöl zum Braten
½ TL Chili-con-Carne-Gewürzmischung
Salz

FÜR DEN DIP
3 reife weiche Avocados
75 g weiche Butter
2 Bio-Limetten
Salz, Pfeffer
½ Bund Koriandergrün
2 Tomaten

TAUSCH-TIPP
Auch anderes Weiß- oder Mischbrot vom Vortag passt, aber je nach Feuchtigkeitsgehalt und Dicke der Scheiben variiert die Backzeit. Also gut im Auge behalten!

BROTCHIPS: Backofen auf 180° vorheizen. Das Baguette in ca. 30 möglichst dünne Scheiben (ca. 2 mm dick) schneiden, das geht am besten mit einer Brotschneidemaschine. Das Öl mit der Chili-con-Carne-Gewürzmischung verrühren und leicht salzen. Beidseitig dünn auf die Brotscheiben streichen und die Scheiben nebeneinander auf einen mit Backpapier ausgelegten Gitterrost legen. Im heißen Ofen (Mitte) in 8–10 Min. knusprig braun backen, dabei nach der Hälfte der Zeit einmal wenden. Herausnehmen und abkühlen lassen.

DIP: Inzwischen die Avocados halbieren und die Kerne entfernen. Das Fruchtfleisch aus der Schale lösen und in Stücke schneiden. Die Butter würfeln und mit dem Fruchtfleisch in ein Mixgefäß geben. Die Limetten heiß waschen und trocken tupfen. Die Schale von 1 Limette fein abreiben und den Saft beider Limetten auspressen. Schale und 3 EL Saft in das Mixgefäß geben und alles fein pürieren. Mit Salz und Pfeffer würzen. Koriandergrün waschen, trocken schütteln, Blättchen abzupfen und bis auf einen kleinen Rest unterrühren. Den Dip 5–10 Min. in den Kühlschrank stellen.

FERTIGSTELLEN: Währenddessen die Tomaten waschen und klein würfeln, dabei die Stielansätze entfernen. Die Tomaten unter den Avocado-Dip rühren und mit dem übrigen Koriandergrün bestreuen. Mit den zumindest lauwarm abgekühlten Brotchips servieren.

Für 6 Personen (12 Stücke) • 30 Min. Zubereitung • 15 Min. Backen • Pro Stück ca. 320 kcal, 18 g E, 16 g F, 26 g KH

TÜRKISCHE FLADENBROTPIZZA

ÜPPIGER IMBISS

3 Knoblauchzehen
6 EL Olivenöl
3 EL Tomatenmark
1 Dose passierte Tomaten (400 g)
1 TL getrockneter Oregano
Salz, Pfeffer
3 grüne türkische Spitzpaprika
400 g Rinderhackfleisch
400 g Schafskäse (Feta)
1 (türkisches) Fladenbrot
3 Frühlingszwiebeln

1 Den Knoblauch schälen und fein würfeln, die Hälfte davon in einem Topf mit 2 EL Öl andünsten. 2 EL Tomatenmark zugeben und ca. 1 Min. unter Rühren rösten. Passierte Tomaten dazugeben, mit ½ TL Oregano, Salz und Pfeffer würzen. Bei mittlerer Hitze ca. 10 Min. offen einköcheln lassen.

2 Inzwischen Paprika waschen und halbieren, die weißen Trennwände und Kerne entfernen. Die Hälften in ca. 5 mm breite Streifen schneiden. 2 EL Öl in einer beschichteten Pfanne erhitzen. Die Paprika darin bei großer Hitze braten, bis sie leicht bräunen. Mit Salz und Pfeffer würzen und bei kleiner Hitze in 3–5 Min. garen, dann herausnehmen.

3 Das übrige Öl (2 EL) in die Pfanne geben. Das Hackfleisch darin mit dem übrigen Knoblauch bei großer Hitze krümelig braun braten. Mit Salz, Pfeffer und übrigem Oregano (½ TL) würzen, das restliche Tomatenmark (1 EL) unter Rühren kurz mitbraten. 3–4 EL Wasser unterrühren und 1–2 Min. braten. Die Paprika untermischen. Den Schafskäse grob zerbröckeln.

4 Backofen auf 200° vorheizen. Das Fladenbrot waagerecht halbieren, mit der Schnittfläche nach oben auf ein Blech legen. Brothälften mit der Tomatensauce bestreichen, Hackfleischmischung daraufgeben. Schafskäse darauf verteilen. Brote im heißen Ofen (Mitte) 10–15 Min. backen. Inzwischen Frühlingszwiebeln waschen, trocken schütteln und mitsamt Grün in Ringe schneiden. Brote aus dem Ofen nehmen, mit den Frühlingszwiebeln bestreuen und jeweils in 6 Stücke schneiden.

REGISTER

Vegetarische Rezepte, die im Buch mit einem 🌢 gekennzeichnet sind, sind hier grün abgesetzt.

Abkürzungsverzeichnis:
E = Eiweiß
EL = Esslöffel (gestrichen)
F = Fett
kcal = Kilokalorien
KH = Kohlenhydrate
Msp. = Messerspitze
Pck. = Päckchen
TK = Tiefkühl
TL = Teelöffel (gestrichen)
Ø = Durchmesser

G|U QUALITÄTS GARANTIE

LIEBE LESERINNEN UND LESER,

wir wollen Ihnen mit diesem Buch Informationen und Anregungen geben, um Ihnen das Leben zu erleichtern oder Sie zu inspirieren, Neues auszuprobieren. Wir achten bei der Erstellung unserer Bücher auf Aktualität und stellen höchste Ansprüche an Inhalt und Gestaltung. Alle Anleitungen und Rezepte werden von unseren Autoren, jeweils Experten auf ihren Gebieten, gewissenhaft erstellt und von unseren Redakteur*innen mit größter Sorgfalt ausgewählt und geprüft.

Haben wir Ihre Erwartungen erfüllt? Sind Sie mit diesem Buch und seinen Inhalten zufrieden? Wir freuen uns auf Ihre Rückmeldung. Und wir freuen uns, wenn Sie diesen Titel weiterempfehlen, in Ihrem Freundeskreis oder bei Ihrem Online-Kauf.

Sollten wir Ihre Erwartungen so gar nicht erfüllt haben, tauschen wir Ihnen Ihr Buch jederzeit gegen ein gleichwertiges zum gleichen oder ähnlichen Thema um.

KONTAKT ZUM LESERSERVICE

GRÄFE UND UNZER VERLAG
Grillparzerstraße 12
81675 München
www.gu.de

IMPRESSUM

GU ist eine eingetragene Marke der GRÄFE UND UNZER VERLAG GmbH, www.gu.de

ISBN 978-3-8338-9238-7
1. Auflage 2024

Projektleitung: Nathalie Künzl
Lektorat: Julia Genazino
Korrektorat: Andrea Lazarovici
Gesamtgestaltung:
ki36 Editorial Design, Sabine Krohberger, München
Herstellung: Felix Robitsch
Satz: Eberl & Koesel Studio GmbH
Reproduktion: medienprinzen GmbH
Druck + Bindung: Firmengruppe APPL, aprinta druck, Wemding
Printed in Germany

Bildnachweis:
Julia Hoersch: S. 6-59 und StepFotos auf den Klappen
Coco Lang: S. 1, 5 und Stillleben auf den Klappen
PicturePeople GmbH & Co. KG: S. 4 Autorenfoto
Wolfgang Schardt: S. 64
StockFood (Monika Rosa): Cover

Umwelthinweis:
Nachhaltigkeit ist uns sehr wichtig. Der Rohstoff Papier ist in der Buchproduktion hierfür von entscheidender Bedeutung. Daher ist dieses Buch auf PEFC-zertifiziertem Papier gedruckt. PEFC garantiert, dass ökologische, soziale und ökonomische Aspekte in der Verarbeitungskette unabhängig überwacht werden und lückenlos nachvollziehbar sind.

Bildagentur Image Professionals GmbH,
Tumblingerstr. 32, 80337 München
www.imageprofessionals.com
Die GU-Homepage finden Sie unter
www.gu.de

GRÄFE UND UNZER
Ein Unternehmen der
GANSKE VERLAGSGRUPPE

APPETIT AUF MEHR?

ISBN 978-3-8338-7304-1

ISBN 978-3-8338-7691-2

ISBN 978-3-8338-7082-8

ISBN 978-3-8338-6620-3

ISBN 978-3-8338-7950-0

ISBN 978-3-8338-6623-4

Alle hier vorgestellten Bücher sind auch als eBook erhältlich.

G|U

Die Autorin

Tanja Dusy

ist freie Foodjournalistin, orientiert sich bei ihrer Arbeit am Puls der Zeit und ist ein echter Profi beim Thema Ernährungstrends. Ihre Rezepte überzeugen seit vielen Jahren durch Kreativität und absolute Verlässlichkeit. Ihre zahlreichen Bücher haben sich insgesamt fast zwei Millionen Mal verkauft.

Die Fotografin

Julia Hoersch

ist eine vielfach ausgezeichnete Fotografin, die seit vielen Jahren in Hamburg für zahlreiche renommierte Magazine, Agenturen und Buchverlage arbeitet.
Das Foodstyling für diese Rezeptfotos hat Katja Baum übernommen.